DISSERTATION HISTORIQUE

SUR LES ORIGINES DE LA

VILLE DE BORDEAUX.

Poissy. — Typographie ARBIEU.

DISSERTATION HISTORIQUE

SUR LES ORIGINES

DE LA

VILLE DE BORDEAUX

PAR

M. le Ch^{er} Michel-Anatole SIMÉON,

DOCTEUR EN MÉDECINE DE LA FACULTÉ DE PARIS ET MÉDECIN HONORAIRE
DE LA SOCIÉTÉ ASIATIQUE.

PARIS,
CHEZ DUMOULIN, LIBRAIRE,
Quai des Augustins, 13.

BORDEAUX,	NANTES,
CHEZ CHAUMAS-GAYET,	CHEZ L. ET A. GUÉRAUD,
Fossés du Chapeau Rouge.	Passage Bouchaud.

1851.

« Baccho, viris, moribusque insignis
» Biturigum viviscorum civitas. »

A
Pierre - Dominique - Marie - Édouard
DOUSSE D'ARMANON,
COMTE du Sacré Palais,
Noble de la cour de Rome
et
Protonotaire apostolique honoraire;
COMMANDEUR des ordres:
De la Rédemption de Mantoue,
des Quatre Empereurs d'Allemagne,
d'Alexandre pour le dévouement
et de celui
du Mérite du Lion de Holstein-Limbourg-Luxembourg;
CHEVALIER des ordres:
De Saint-Jean de Jérusalem,
de la Milice Dorée,

de Saint-Grégoire le Grand,
de la cour de Latran,
du Saint Sépulcre,
de l'Immaculée Conception de Portugal
et de celui
de Saint-Marcel ;
DÉCORÉ
de la Médaille d'honneur, en or,
pour sauvetage
de sept personnes ;
MEMBRE correspondant
de l'Académie tibérine de Rome
et de plusieurs autres Académies ;
PRÉSIDENT d'honneur
de la Société générale des Naufrages
et de celle
de bienfaisance des Nationaux-unis ;
MEMBRE
de plusieurs autres associations,
religieuses ou philanthropiques,
nationales et étrangères,
Cet opuscule,
comme témoignage d'estime
et d'affectueux dévouement,
est humblement dédié
par
l'auteur.

CHEV. MICHEL-ANATOLE SIMÉON,
docteur-médecin de la Faculté de Paris, médecin de la Société asiatique.

Les premiers fondateurs de Bordeaux.

I

Connus sous le nom générique de Volsques, *Volcæ*, les peuples qui habitaient la partie méridionale des Gaules se divisaient en deux nationalités distinctes : — les Arécomiques, à l'est, et les Tectosages qui, sous les subdivisions diverses de Garumni, Tolosates, Auscii, Garites, Nictiobriges, Sotiates, Tarusates, Preciani, Bigerines, Tarbelli, Vocates, et Boates, s'étendaient à l'ouest, sur toute cette contrée nommée première Aquitaine, — jusque sur les bords de l'Océan. Les Boates, ou Boïens, sont le plus ancien peuple nommé établi sur le territoire voisin de celui où s'éleva la ville dont nous avons entrepris de narrer les origines. Groupés autour d'un vaste bassin, formé par les eaux de la mer, ils y avaient leur établissement principal, nommé *Caput Baïorum*, aujourd'hui la Teste.

Les Tectosages, ainsi nommés du vêtement militaire, *sagum*, par eux usité, étaient un peuple entreprenant, hardi et vaillant à la guerre. Ils furent des premiers à se ranger sous l'étendard de Brennus, et les Boïens se distinguèrent particulièrement dans cette expédition qui mit Rome si près de sa perte. Ils suivirent ensuite ce chef en Grèce et se firent remarquer à la prise de Delphes et à la destruction de son temple.

La première expédition romaine dans les Gaules eut lieu en l'an 598 de Rome; elle fut faite à la sollicitation des Marseillais, qui invoquèrent le secours de leurs alliés contre les attaques d'une peuplade voisine. Elle n'avait été provoquée par aucun projet d'agrandissement ou de conquête et fut de très-courte durée.

En 629, les Romains, guidés par d'autres pensées, entreprirent une guerre contre les Allobroges et Arverniens, qui furent vaincus par Domitius.—En 631, cent vingt-un ans avant l'ère chrétienne, L. Marcius fonda près des bords de la Méditerranée, une place, à laquelle il donna son nom *Narbo-Marcius*, que Cicéron appelait *la sentinelle des peuples gaulois*. Cette ville se nomme aujourd'hui Narbonne.

Des projets de conquête et d'agrandissement durent naître de ce premier résultat obtenu. Le peuple romain avait dû conserver d'ailleurs du ressentiment contre le nom gaulois opposé, sur tous les points, à ses invasions ambitieuses, puisque vers l'époque même dont nous parlons, en 638, une armée romaine, conduite par C. Caton, rencontrait sur les bords du Danube et de la Save, une population de Tectosages et Scordisques,—restes des vieilles cohortes de Brennus, établies dans cette lointaine contrée, — et que ces descendants des éternels ennemis des Romains faisaient essuyer encore aux légions consulaires une nouvelle et sanglante défaite.

Toutefois, une alliance existait entre les Romains et les peuples voisins de leurs établissements dans la Narbonnaise. Elle fut rompue bientôt, et le consul Servilius Cépion, marchant contre les Toulousains, s'empara de leur ville en 646, la livra au massacre et au pillage et en put retirer la somme énorme de quinze mille talents, — quarante-cinq millions de notre monnaie.

A l'époque de l'arrivée de Jules César dans les Gaules, cette vaste contrée se divisait en quatre parties, savoir : la province romaine, qui, se composant de peuples déjà soumis et habitués aux mœurs du vainqueur, s'étendait le long de la Méditerranée, depuis les Alpes jusqu'aux Pyrénées. Les trois autres contrées, non encore conquises, étaient la Belgique, la Celtique et l'Aquitaine. Les peuples qui habitaient chacune de ces trois divisions, quelle que put être d'ailleurs la diversité de leurs mœurs et usages, se réunirent au jour du danger pour le besoin d'une défense commune. Les Belges, voisins des Germains, en avaient la férocité ; les Celtes étaient les plus riches par leur commerce ; limitrophes des Espagnols, les Aquitains leur ressemblaient par la physionomie et le caractère. Chacune de ces trois grandes divisions de la Gaule se subdivisait en plusieurs peuples, ayant leurs chefs et leurs assemblées ; deux ordres dominaient le peuple qui était serf, les Druides ou prêtres, et les nobles que César nomme *les chevaliers*, de ce qu'ils combattaient à cheval.

Nous croyons n'avoir pas à rappeler ici les épisodes divers

de cette guerre d'invasion, où se développa tout le génie du grand capitaine de l'antiquité ; nous n'en dirons que les événements qui nous paraîtront avoir un rapport direct avec le sujet que nous traitons.

L'an 695, pendant que César faisait la guerre aux Belges dans le nord de la Gaule, P. Crassus, l'un de ses lieutenants, parcourut et soumit toute la côte maritime, depuis l'embouchure de la Seine jusqu'à la Loire.

L'année suivante, le même Crassus, à la tête d'une cavalerie nombreuse et de douze cohortes légionnaires, traversa la Garonne, au-dessus du lieu où n'existait pas encore la ville de Bordeaux. Étant ainsi entré dans l'Aquitaine, il se trouva tout d'abord en présence des Sotiates, bien connus des Romains, puisque ce peuple valeureux avait, au temps des guerres de Sertorius, défait L. Manilius, proconsul de la Gaule narbonnaise. Il les attaqua dans leur ville capitale, qui est aujourd'hui Lectoure (1), et se rendit maître de la place après une résistance acharnée. Le reste des Aquitains ayant été forcés dans leur camp, il s'en fit un grand carnage ; et, après ce coup vigoureusement porté au cœur des peuples aquitains, la soumission fut immédiate et complète. En effet, deux ans après, au moment où le jeune P. Crassus, dont nous parlons, succomba en Syrie, dans la guerre contre les Parthes, — où il était allé rejoindre Licinius Crassus, son père, qui y commandait, — il avait avec lui mille cavaliers aquitains et gaulois.

(1) Quelques auteurs prétendent que la capitale des Sotiates se trouvait en un lieu où s'est élevé depuis le village de *Sos-en-Estarac*. Nous avons plusieurs raisons de croire, avec Sainson, que Lectoure occupe précisément le lieu où s'élevait l'ancienne capitale des Sotiates.

Cependant la Gaule celtique était asservie mais non soumise. Les troubles qui eurent lieu à Rome, à l'occasion du meurtre de Clodius, enhardirent les Gaulois, qui, après un soulèvement général, se préparèrent à une lutte suprême. César étant occupé de l'autre côté des Alpes, un jeune chef des Arverniens, Vincengétorix, se mit à la tête de ce peuple, une ligue se forma, composée de tous les peuples de la Celtique et Belgique ; il en fut proclamé le chef suprême et établit dans le Berri le centre de la résistance et du commandement.

Arrivé à Narbonne, Jules César, craignant de s'avancer vers les bords du Rhône, — au milieu d'alliés, sur lesquels il ne pouvait plus compter, — se met à la tête des troupes qu'il a pu réunir dans ce pays, et des renforts qui lui sont parvenus. Il se jette alors dans les Cévennes, traverse ces montagnes, au milieu des neiges de l'hiver, tombe dans le pays des Arvernes surpris, et, le ravageant complétement, force Vincengétorix à quitter la position qu'il occupe pour venir au secours de ses compatriotes.

Le général romain s'étant alors dérobé, se rendit à Vienne, où l'attendait un corps nombreux de cavalerie. Puis il prit Genabum, reçut la capitulation de Noviodunum et se trouva enfin en face d'Avaricum, capitale des Bituriges. Le siége fut fait dans toutes les règles de la tactique familière à César. La résistance fut désespérée et les assiégés réussirent même à mettre, dans une sortie, le feu au camp des Romains. Mais, succombant enfin, ils furent pris de vive force et impitoyablement massacrés : — douze cents à peine sur près de quarante mille purent rejoindre le camp gaulois.

Alors Vincengétorix, qui n'avait cessé de harceler l'armée romaine, ayant lui-même incendié Lutèce et le reste des places gauloises, dut se retirer dans Alésia, où, assiégé par César, il succomba ; et, ayant été pris, il fut réservé pour orner à Rome le triomphe du vainqueur.

L'année suivante, qui était la huitième du commandement de César, Caninius et Fabius, ses lieutenants, dispersèrent une armée qui s'était reformée dans le Poitou, avec ce qui restait des désastres d'Avaricum et Alésia, sous la conduite de deux chefs, Dummacus et Drapès. Celui-ci s'alla joindre dans le Quercy, à un autre chef nommé Lutérius ; mais ils furent assiégés et forcés dans la place d'Uxellodunum, où il s'étaient retirés et fortifiés.

Dummacus, à la tête d'une troupe de Bituriges, se jeta de l'autre côté de la Garonne, et ces derniers débris d'une armée puissante et nombreuse, accueillis par les Aquitains, s'étant réfugiés dans les marais qui bordaient le fleuve, à l'endroit où s'éleva *Burdigala*, en devinrent les premiers fondateurs.

Telle fut, et dans des circonstances qui ont quelque analogie avec la fondation de Venise, sur l'Adriatique, l'origine d'une ville qui, bientôt agrandie et reconstruite, devint trois siècles plus tard, la capitale de l'Aquitaine, augmentée de plusieurs provinces, et qui est aujourd'hui l'une des villes de France les plus belles et la plus heureusement située. — L'époque de cette fondation doit être fixée à l'année 702 de Rome, cinquante ans avant l'ère chrétienne.

A la fin de cette campagne, César visita, pour la première fois l'Aquitaine. — Après avoir porté à une puissance ennemie un coup formidable et décisif, on sait quelle était envers les vaincus, la manière de procéder des Romains.

Il était ici de leur avantage de mettre en pratique le principe que Virgile a dit être celui de leur politique :

« Parcere subjectis et debellare superbos. »

César ne chercha qu'à calmer et se concilier les esprits, à rendre le joug le plus tolérable qu'il était possible, et la petite colonie biturige put bientôt s'accroître et prospérer sous la protection des vainqueurs.

Preuves de cette origine.

II

Cette colonisation celtique dont nous avons, au chapitre précédent, raconté l'établissement sur les bords de la Garonne, reçut le nom de *Burdegala* ou *Burdigala*, — dont on a fait celui de Bordeaux.

Bien que plus modernes que quelques autres villes de l'Aquitaine, les origines de Bordeaux n'ont pas laissé que d'embarrasser la plupart des auteurs qui ont écrit sur son histoire.

Quelques-uns ont cherché à faire remonter sa fondation à une époque bien antérieure à celle que nous lui avons assignée ; — mais, cette opinion, qui n'est pas même discutable, — ne peut s'appuyer que sur des conjectures qui n'ont pas une apparence de fondement.

Dom Devienne, — dont le sentiment se rapproche beaucoup du nôtre, quant à la provenance étrangère des premiers fondateurs de Bordeaux, — dit pourtant *que leur arrivée dans le pays des Boïens peut être l'objet de bien des conjectures.*

Ayant minutieusement porté notre attention sur toutes les circonstances des guerres et de l'invasion des Gaules par les Romains, — nous avons assurément fixé la date précise et indiqué les causes et les auteurs de la fondation de Bordeaux. — Nous allons maintenant corroborer notre opinion par le témoignage des écrivains et par celui plus irrécusable encore des monuments de cette ville.

Strabon est le plus ancien auteur qui ait parlé de Bordeaux. Mais, un fait à constater, préalablement, c'est que, — immédiatement après la pacification des Gaules, on désigna les habitants du Bordelais par le nom de *Bituriges vivisci*, et ceux du Berri par celui de *Bituriges cubes.* L'étymologie de ces deux mots suffirait seule à indiquer combien est fondée notre opinion, — *vivisci* venant de *vivisco*, je vis, — et s'appliquant parfaitement à un peuple vivant au milieu d'une population étrangère, — par opposition au mot *cubii* qui implique une position plus adéquate, l'idée d'une plus proche adhérence au sol.

Voici maintenant le passage de Strabon :

« Garumna, tribus auctus fluminibus, effluit inter Bi-
» turiges-Joscos et Santones, gentes gallicas. — Sola enim
» Biturigum istorum ea gens in Aquitanis peregrina degit,
» neque de eorum est corpore. Et habet emporium Burdi-

» galam, impositum paludi marinæ, quam Garumnæ os-
» tium efficit.

» (Strabonis geographia. Lib. IV). »

Saint Isidore, Vinet et Auteserre ont émis cette opinion, qui est la nôtre, que les Bituriges Vivisques étaient une colonie de Bituriges Cubes. — Nous trouvons dans Auteserre le passage suivant : « *Scimus Bituriges Viviscos a* » *Biturigibus Cubis, gallica gente, profectos.* — (*Alteser.* » *rerum antiquit. L. I, c. II.*) »

De plus, un écrivain célèbre du IVe siècle, dont nous parlerons plus loin, Ausone, — dans son poëme de la Moselle, — se complaît à revendiquer son origine comme Bordelais, descendant ainsi des Vivisques Bituriges :

« Hæc ego Vivisca ducens ab origine gentem ! »

Enfin, — et cette dernière preuve ne saurait plus admettre de contestation, — lors de la démolition des Piliers de Tutèle, qui eut lieu en 1677, — on découvrit une plaque de marbre qui, — placée sur une espèce d'autel, — portait l'inscription suivante, laquelle n'était autre chose que la dédicace de cet antique monument :

« Augusto sacrum et genio civitatis *Bituricum Vivis-* » *corum.* — Dédié à Auguste et au génie protecteur de la » ville des Bituriges Vivisques ! »

Donc, si Strabon, comme on le voit dans la citation qui précède, a nommé *Bituriges Josques* les habitants de Bordeaux, — ce ne peut être que par erreur. Du reste, comme, dans ce passage, cet auteur parle de la Garonne, — *après que ce fleuve a reçu dans son sein le tribut de trois autres rivières*, probablement le Tarn, le Lot et la Dordogne, — il peut y avoir confusion des Bordelais, Bituriges Vivisques, avec quelque autre petit peuple que Strabon nomme *Josques*, et qui, faisant partie des *Meduli*, Médocains, — habitaient la rive gauche de la Garonne au-dessous de Bordeaux ; et après que ce fleuve s'est effectivement accru d'une troisième rivière, — la Dordogne.

Quant à l'origine du nom de Burdigala, — elle a été l'objet aussi de bien des commentaires que nous omettrons. Nous nous bornerons à dire que l'étymologie que Marca a assignée à ce mot, dans son histoire de Béarn, nous paraît la plus rationnelle ; — elle nous est une preuve de plus de la provenance déjà indiquée des premiers fondateurs et habitants de cette ville : — Burdigala viendrait de *Burgo Galatico*, bourg ou ville gaulois. Le mot *burg*, dérivé du grec, était en effet usité dans les Gaules ; et, les Bituriges, fondateurs de Bordeaux, étaient bien évidemment des peuples venus de la Gaule celtique, — de Bourges.

Burdigala.

III

Il est facile de concevoir ce que durent être les commencements de ce premier établissement des Bituriges, sur le territoire aquitain, — ou plutôt au milieu d'un marais jusque-là dédaigné. Leur premier soin dut consister à procurer l'écoulement, dans le fleuve, des eaux dont ils étaient de toutes parts entourés ; — cette opération fut facilitée par l'existence d'un ruisseau, qui, — courant de l'ouest à l'est, se jetait dans la Garonne, après avoir traversé ce vaste marécage, — et duquel ils firent un port, refuge assuré contre toute attaque extérieure, pour les galères ou barques de pêcheurs. Jules César nous a laissé d'ailleurs une description complète du mode de construction usité chez les peuples gaulois, dans ces temps encore barbares :

« On étendait par terre de grosses pièces de bois, dont
» les extrémités faisaient saillie au dehors ; on les plaçait à
» deux pieds de distance les unes des autres, — et on les
» reliait ensemble par des traverses. On remplissait les
» intervalles,— au dedans avec de la terre et des fascines ;
» — au dehors, on mettait des quartiers de pierre et des piè-
» ces de bois, se supportant les unes les autres (1). »

Un mur d'enceinte, construit avec plus de solidité que de symétrie, — quelques cabanes, assemblage informe de pierres, de boue et de poutres,—tel fut sans doute ce bourg qui était romain, avant même d'être achevé, — et dont la population dut s'accroître bientôt par l'adjonction d'une partie de celle au milieu de laquelle étaient venus s'établir ces colons qui,—jusque vers le milieu du siècle d'Auguste, — se virent exemptés de tout tribut ou impôt.

Il est une circonstance qui dut bientôt contribuer d'ailleurs à la prospérité de Bordeaux et à l'accroissement de sa population, — c'est l'incontestable supériorité des vins que produit cette fertile contrée. — Les procédés usités par les Romains, pour la préparation des vins, ne nous sont pas parfaitement connus;—nous savons qu'ils y mêlaient parfois du miel, des parfums et des aromates,—ce qui devait composer une boisson que tout gourmet trouverait aujourd'hui détestable. Il paraît néanmoins qu'ils connaissaient l'art de les bonifier par la conservation ; — car, le vin du consulat d'Opimius, — an 631 de Rome, — qui fut une année unique pour la qualité de ce produit, — dura des siècles.

(1) De bell. Gall. L. VII.

Il en restait encore du temps de Pline, — près de deux cents ans après qu'il avait été recueilli. Il est vrai que ce vin avait acquis la consistance d'un sirop assez épais et une telle amertume, qu'il n'était pas possible de le boire, si on ne le mêlait avec de l'eau. Mais on sut lui trouver un emploi avantageux, en le mêlant, à très-petite dose, à d'autres vins, — auxquels il donnait de la qualité et une très-agréable saveur. Selon Pline, — cent soixante ans après le consulat d'Opimius, — l'once de ce fameux vin se vendait à un prix équivalent à près de cent francs de notre monnaie actuelle !

Ce qui est certain, — c'est que les vins du Bordelais furent bientôt connus et appréciés des Romains. Au IVe siècle, un illustre poëte — célébrant en ses vers la ville de Bordeaux, consacrait la supériorité de cette ville pour l'excellence de ce produit du sol : — il l'appelle *Insignem Baccho !* (1) Cet avantage dut nécessairement contribuer, dans le principe, à accroître la population et la richesse de cette ville, — comme, sous les Césars, les proscriptions et les confiscations durent déterminer plusieurs familles patriciennes de Rome à se venir établir sur son territoire.

Lorsque l'empereur Auguste fit une nouvelle division des provinces gauloises, — il agrandit l'Aquitaine, qui se trouva augmentée de quatorze peuples celtiques, — au nombre desquels furent compris et mentionnés les Bituriges Vivisques, — habitants de Bordeaux.

(1) Ausonii Burdigalensis, ordo nobilium urbium.

Bordeaux reconstruit par les Romains.

IV

La colonisation des Gaules par les Romains s'accrut, dans de larges proportions, sous le règne des successeurs d'Auguste. Antonin le Pieux,—qui était issu d'une famille de Nîmes, — ordonna de grandes constructions dans tout l'Empire ; et porta plus particulièrement son attention sur la Gaule narbonnaise. C'est à lui que ce pays fut redevable de ce magnifique aqueduc, nommé le Pont du Gard ; il fit aussi ériger l'amphithéâtre de Nîmes ; et, le bourg, fondé deux siècles auparavant, sur les bords de la Garonne, Burdigala, fut entièrement rasé, pour être immédiatement réédifié sur un plan plus uniforme. Les Romains érigèrent alors une ville véritable, admirablement située et très-élégamment construite, sinon d'une grande étendue,—destinée à devenir bientôt la capitale de la seconde Aquitaine et la résidence du proconsul, préposé au commandement d'une province qui, — au IIIe siècle, — embrassait les villes de Poitiers, Angoulême, Saintes, Périgueux et Agen.

La description générale qu'a faite Ausone de la ville de Bordeaux, — les fondements sur lesquels elle fut réédifiée au commencement du Xe siècle,— après sa destruction par les Normands, — le plan qu'en a tracé le Père Devienne, religieux bénédictin et historien émérite de cette ville, — enfin les restes subsistants jusqu'à nos jours la rétablissent sous nos yeux, — telle qu'elle dut être au sortir des mains des architectes romains.

La ville avait la forme d'un carré, long de sept cent cinquante mètres environ, sur une largeur de cinq cents mètres. Elle était à peu près également partagée de l'ouest à l'est,—qui était le sens de sa longueur,—par un ruisseau qu'on a depuis nommé *la Devise*, lequel se jetait dans le port, immédiatement au-dessous d'une voie qui, traversant la ville du nord au sud, et la coupant aussi en deux parties à peu près égales,—joignait la Porte Médoc, du côté nord, à celle des Trois Maries, du côté du midi.

Le mur d'enceinte du nord, en dehors duquel se trouvait le cimetière, — *Campus Aureus*, — avait quatre portes et deux voies publiques dont l'une, partant de la Porte Médoc, aboutissait aux Piliers de Tutèle ; — l'autre, traversant le cimetière, conduisait au palais de Gallien.—Nous décrirons plus loin ces deux monuments.

Au sud, le rempart, longé dans toute son étendue par le ruisseau du *Peugue*, avait également quatre issues parallèles et faisant face aux quatre portes du côté nord. —

A la première, la plus près du fleuve, nommée Porte *Vigeria*, commençait une belle chaussée conduisant à Sirium, — Barsac, — et une autre voie, qui se dirigeait vers un temple de Vernemetis. De la Porte-Basse, située sur le même côté méridional, partait une autre voie, conduisant à Sestas.

Du côté ouest, le mur du nord était joint à celui du midi par une muraille, flanquée, aux points de jonction, de deux forts, dont l'un, celui du nord-ouest, situé près de la Porte Dijeaux, rétabli sur le même point lors de la deuxième reconstruction de la ville,—reçut depuis le nom de *Tour du Canon*.

Enfin, le mur d'enceinte de l'est, qui, à ses angles, était aussi flanqué de deux autres tours, et qui était bâti à environ quatre cents mètres des bords du fleuve,—avait trois issues. Celle du milieu, — qui fermait l'entrée du port, formé par les marais sur lesquels la ville était établie et alimenté par les eaux de la Devise, ainsi que par le reflux du fleuve, — se nommait la Porte *Navigera*.

L'élévation des remparts, qui enserraient, dans cette enceinte de trois cent soixante-quinze mille mètres carrés, la ville romaine, devait être assez considérable, puisque Vinet, savant antiquaire qui vivait au xvie siècle, assure que leurs fondements avaient treize ou quatorze pieds de largeur, et que, — construits avec toute la solidité que les Romains savaient donner à leur architecture, — ils étaient bâtis en magnifiques pierres de taille.

Également divisée en voies qui, traversant la ville tout entière, se coupaient à angles droits, d'après le mode uniforme usité dans les villes construites par les Romains, et qui s'est reproduit dans sa majestueuse élégance lors de la

découverte de la ville de Pompeïa, — la capitale de l'Aquitaine réunissait dès lors le double avantage d'être une ville bien défendue, en même temps qu'une belle et agréable cité. C'est ce qui lui valut, de la part du continuateur d'Aimoin, le titre d'*Urbs egregia*, et faisait dire d'elle à Ammien Marcellin — : *Amplitudine civitatum admodum culta Burdigalam excellere.*

Voici du reste comment s'exprimait sur cette ville un poëte bordelais, nommé Paulin (1), qui écrivait vers la fin du IVe siècle :

« Tandem autem, exacto longarum fine viarum,
» Majorum in patriam, tectis que advectus avitis,
» Burdigalam veni, cujus speciosa Garumna,
» Mœnibus Oceani refluas maris invehit undas
» Navigeram per portam, quæ portum spatiosum
» Nunc etiam muris speciosa includit in urbe. »

D'après ce que nous avons dit précédemment, nous jugeons à peine nécessaire de mentionner ici l'opinion de quelques auteurs qui, s'appuyant d'un passage d'Adrien de Valois et d'une citation de Grégoire de Tours, ont émis cette croyance nullement fondée, que Bordeaux, au temps de l'occupation romaine, aurait existé sur la rive droite de la Garonne, dans cette plaine qui se trouve en face du centre de la ville actuelle, et qu'on nomma jadis le Cipressat, — à cause d'une forêt de cyprès qui couvrait les hauteurs qui la dominent. — Ce lieu était fameux par les actes religieux qu'on y célébrait.

Le seul fondement qu'ait pu avoir cette opinion erronée,

---

(1) On a quelque raison de croire que cet auteur, qui n'est pas le Paulin devenu évêque, était un neveu d'Ausone.

c'est qu'on découvrit au fond du Cipressat, quelques gros anneaux de fer, scellés dans le roc, lesquels paraissaient avoir quelque ressemblance avec ceux usités, pour attacher les galères. Mais il y a lieu de croire que la plaine qui s'étend aujourd'hui au pied de ce coteau, en fut jadis séparée par un bras du fleuve, rentré depuis dans son lit ; c'est même ce qui résulte très-positivement de la mention qui existe dans les archives de Saint-André, d'une île nommée Marthogue, qu'aurait en ces temps-là formée la plaine qui joint maintenant le coteau dont il s'agit :

« Iusula de Marthoguas quæ est inter Burdigalam et Laureum montem. »

Ceci explique surabondamment l'existence d'anneaux, servant à attacher les galères naviguant de l'autre côté de l'île de Marthogue, et venant se mettre à l'abri en ce lieu. Du reste, les monuments retrouvés ou existants encore à une époque assez rapprochée de la nôtre, les écrits des auteurs contemporains de l'occupation romaine, tout se réunit pour démontrer combien peu fondée a dû être l'opinion des historiens qui ont pu s'imaginer que la ville de Bordeaux ait jamais été bâtie sur la rive droite de la Garonne.

Description.

V

Les édifices publics qui faisaient l'ornement de la capitale de l'Aquitaine des Romains, et qui l'avaient rendue célèbre, étaient presque tous situés hors des murs de la ville. Le nom de la plupart de ces monuments a péri avec eux, et n'a pu être sauvé de l'oubli où leur destruction, par l'invasion des Barbares, les a laissés.

Plusieurs belles routes avaient été tracées par les Romains. Indépendamment de celles que nous avons mentionnées, deux autres voies furent construites ; — l'une conduisait à Argenton, l'autre à Acqs ou Dax, *Aquæ Tarbellicæ*, ville célèbre dès cette époque par ses boues chaudes et sa fontaine bouillante, qui n'a son égale en aucun autre lieu, que nous sachions, à cause du volume de ses eaux et de leur haute température;—ville fort curieuse encore aujourd'hui par l'aspect qui lui est resté, étant toujours enceinte de ses mêmes remparts, dont la construction remonte à l'antiquité la plus reculée, pour l'époque actuelle.

Le temple de Vernemetis, dont le nom du moins a pu être conservé, était situé au delà du mur méridional de Bordeaux, à deux cent cinquante mètres des bords de la rivière, à peu près vers l'emplacement qu'occupe maintenant l'église de Saint-Michel, au milieu d'une verdure délicieuse, et probablement au centre d'un bois sacré.

A l'extrémité opposée de la ville se trouvaient les bains publics, ces vastes étuves, si usitées dans l'hygiène des anciens, dont les peuples orientaux ont adopté la pratique, beaucoup trop négligée, à notre avis, chez les nations modernes de l'Occident. Cet établissement était situé à deux cent cinquante mètres environ de l'angle nord-ouest de la ville, et par conséquent vers le commencement de la rue qui porte le nom de Judaïque-Saint-Seurin.

Il paraît que les anciens s'effrayaient un peu moins que nous des idées et de l'aspect de la mort; on en faisait un spectacle. On brûlait les cadavres des hommes célèbres devant un public nombreux et les cendres des morts étaient déposées ensuite dans des tombeaux situés sur les voies publiques et incessamment exposés aux regards des passants; la voie appienne était bordée de mausolées. A l'exemple des Romains, et aujourd'hui encore, les Turcs n'ont pas d'autres promenades et lieux publics de divertissement que *les champs des morts*. A Bordeaux, le cimetière ou Campaure, *campus aureus*, ainsi nommé sans doute à cause des richesses renfermées dans les tombeaux, s'étendait de la

Porte Médoc jusqu'à celle qu'on appela Porte Dauphine, précisément dans l'espace occupé maintenant par la rue qui porte le nom de Cours de l'Intendance. Ainsi les Bordelais qui parcourent aujourd'hui cette rue très-fréquentée, peuvent être certains qu'ils foulent la terre qui recouvre les restes de leurs aïeux.

L'amphithéâtre Gallien; — les piliers de Tutèle.

VI

Une magnifique voie, partant de la troisième porte du mur septentrional de la cité, traversait le cimetière *Campaure*, qu'elle coupait en deux parties égales, et conduisait au palais ou plutôt à l'amphithéâtre de Gallien, ainsi nommé parce que sa construction fut commencée sous le règne de cet empereur.

L'architecture de cet édifice, qui appartenait à l'époque du Bas-Empire, paraît avoir été inférieure à celle des amphithéâtres de Nîmes et d'Arles; la décadence des arts s'y faisait déjà sentir; et il paraît certain du reste que ce monument ne fut pas entièrement achevé; le sixième mur intérieur, qui devait entourer l'arène, ne s'éleva pas au-dessus de ses fondements, dont les traces étaient encore apparentes, vers la fin du siècle dernier. L'irruption des Visigoths, qui eut lieu dans les premières années du v⁰ siècle, empêcha l'accomplissement de cette œuvre d'architecture. Ces barbares, en l'année 412, mirent Bordeaux à feu et à sang, et ne se retirèrent, pour revenir l'année suivante, qu'en laissant derrière eux un amas de ruines.

L'amphithéâtre Gallien avait cinq enceintes contiguës, et le mur externe était de cinq pieds d'épaisseur. La plus grande de ces cinq divisions du cirque, était large de vingt-deux pieds; les quatre autres de douze pieds environ; sa forme était ovale comme celle des édifices appropriés à la même destination. Il était orné de galeries, d'escaliers, de loges pour les animaux et de cellules ou chambres pour les gladiateurs. Il y avait quatre rangs de galeries, qui régnaient autour du monument et qui avaient une vingtaine de pieds de hauteur. L'arène, qui avait 238 pieds dans le diamètre de sa longueur, était large de 168 pieds. Aux deux extrémités de l'ovale que formait l'amphithéâtre, s'ouvraient deux portes de 27 pieds de hauteur sur 18 en largeur; elles étaient ornées de pilastres et leurs chapiteaux supportaient une architrave que surmontait une plate-bande, qui se trouvait un peu plus élevée que le premier étage. L'ordre toscan dominait dans la construction de cet édifice.

Les piliers de Tutèle, ainsi nommés parce qu'ils avaient été dédiés à Auguste et à la divinité protectrice des fondateurs de la cité, comme nous l'avons dit précédemment, formaient un édifice extrêmement gracieux qui s'élevait sur une petite colline, à 240 mètres environ de la Porte Médoc; il était bâti en pierres de taille, d'un granit blanc, extrêmement dur. C'était un carré de 15 toises de longueur, 11 toises de large et 22 pieds de hauteur, sur lequel se dressaient 24 colonnes cannelées, composées de plusieurs assises, de 2 pieds de hauteur et ayant chacune 4 pieds et demi de diamètre. Ce monument était orné de 44 cariatides ; un perron de 21 marches conduisait sur l'aire, qui était assise sur un massif de plus de 12 pieds d'épaisseur dans tous les sens.

Extrêmement endommagé par les ravages du temps et des révolutions que la cité avait subis, il ne restait plus de ce monument, au xvie siècle, que dix-huit piliers. Sa démolition fut ordonnée en 1677, à cause de la position qu'il occupait dans l'espace qui devait servir d'esplanade au château Trompette ; et ses pierres furent employées à la construction du parapet de ce château.

Caïus Pesuvius.

VII

Considérablement embellie et enrichie, siége du sénat et résidence du président de la province d'Aquitaine, Bordeaux, où étaient venues s'établir plusieurs familles romaines considérables, faillit devenir la capitale de l'empire, vers le milieu du IIIe siècle.

Des troubles fréquents, l'insubordination des légions, la déconsidération du pouvoir, le mépris de toute autorité, tout semblait annoncer une imminente décadence. Un écrivain (1) a fait cette remarque, sur l'histoire augustale,

(1) Casaubon.

que, — dans les cent soixante années qu'elle contient, — il y eut soixante-dix personnes qui, avec des droits plus ou moins fondés, furent investies du titre de César,

« Adeo erant in illo principatu, quem tamen omnes mirantur, » Comitia imperii semper incerta. »

Caïus Pesuvius, surnommé Tetricus, avait été nommé président de l'Aquitaine, par Valérien. Ce Tetricus, qui était Romain de naissance, était allié à Victoria, épouse et veuve de Victorin, — massacré par ses propres soldats, peu de jours après avoir été par eux proclamé empereur.

Pour venger la mort de son mari, Victoria s'efforça de persuader à Tetricus de s'emparer du pouvoir ; — cette usurpation, si c'en était une, — était assez facile sous un empereur tel que Gallien, qui, en 260, venait de succéder à son père. Plongé dans la mollesse d'une vie débauchée, il avait déjà perdu plusieurs provinces; — déjà Posthume et Ingenuus, — enfin soumis par les lieutenants de cet indolent empereur, — avaient été bien près de lui enlever le pouvoir, — lorsqu'enfin, les légions d'Aquitaine, soudoyées par Victoria, triomphèrent des irrésolutions de Tetricus, le forcèrent, en quelque sorte, à revêtir la pourpre, et le proclamèrent empereur, en l'an 268.

Gallien ayant été massacré avec son fils et par ses propres troupes, — comme il arrivait si souvent en ces temps de désordre, — Tetricus parut vouloir s'affermir dans son pouvoir et soumettre tout le reste des provinces de l'empire. Déjà maître de presque toutes les Gaules, de l'Espagne et de l'Angleterre, il se maintint pendant les règnes de Claude et de Quintilien, put réprimer quelques séditions, faire quelques expéditions heureuses contre les Barbares ; et, selon l'usage, il associa son fils à son pouvoir, en le nommant Prince de la Jeunesse, — *Princeps juventutis*.

Mais, les capacités de cet empereur improvisé, comme tant d'autres, ne se trouvaient pas à la hauteur d'une réorganisation, d'ailleurs fort difficile en ces temps de troubles et de séditions incessantes. N'ayant pu soumettre à la discipline les légions qui l'avaient proclamé, — craignant sans doute le sort de Gallien, de Victorin et de tant d'autres, — Tetricus se décida à soumettre à Aurélien les provinces qui lui obéissaient ; et ne trouva rien de mieux à faire pour arriver à ce but, que de trahir les légions qui l'avaient élu. — Il fit donc faire des propositions secrètes à l'empereur, tout fut concerté d'avance ; et, les deux armées se rencontrèrent, en 274, dans les plaines de Châlons, où la victoire fut facile à Aurélien, car, — dès le commencement de la bataille, — Tetricus et son fils, abandonnant les leurs, passèrent dans le camp ennemi. Cette lâcheté n'eut pas du reste pour eux les suites qu'ils en avaient pu espérer ; car, — malgré l'accord qui avait présidé à cette trahison, Aurélien n'en fit pas moins figurer dans son triomphe les deux Tetricus, — ni plus ni moins que s'ils eussent été des vaincus ordinaires.

Bordeaux, avec le reste des provinces, rentra sous l'obéissance des empereurs romains ; — et une apparence de calme put succéder à toutes ces dissensions intestines. Mais, ce calme n'était que le précurseur de nouveaux orages : — et les Barbares, massés sur les bords du Danube, sur toutes les frontières de l'empire, — se bornant à des incursions de courte durée, mais qui se renouvelaient incessamment, — semblaient assister à son agonie et attendre sa lente mais infaillible décomposition.

Decius Magnus Ausonius.

VIII

Un savant médecin, qui, quoique jeune encore, avait exercé et déjà professé son art dans la ville de Bazas, vint, dans les premières années du ive siècle, s'établir à Bordeaux. Il s'y maria avec une jeune Romaine, nommée OEonia Mæonia, qui appartenait à une famille distinguée, et accrut, par cette alliance, sa réputation et son crédit : — il se nommait Julius Ausonius. De ce mariage naquirent quatre enfants ; — le dernier, — venu au monde sous le règne de Constantin, vers l'an 309, — et sans qu'il soit possible de mieux préciser la date de sa naissance, — est l'homme célèbre dont nous allons entretenir le lecteur ; — il se nommait Decius Magnus.

Confié dès son enfance aux soins de la famille de sa mère, et plus particulièrement à ceux de sa tante Hilaria-Émilia, le jeune Decius se fit remarquer de bonne heure par les heureuses dispositions de son esprit, les qualités du cœur et une grande intelligence. A Bordeaux, comme à Rome et à Constantinople, les belles-lettres étaient encore très-cultivées à cette époque ; — et, — si l'enseignement de la philosophie était réservé dans les collèges publics, où la tolérance admettait indistinctement les étudiants païens et chrétiens, qui y prenaient leurs leçons en commun, — les plus grands soins n'en étaient pas moins apportés à toutes les autres branches d'une bonne éducation. Ausone étudia donc, à Bordeaux, les langues grecque, celtique et latine, les sciences naturelles, les mathématiques, et montra des dispositions toutes particulières pour la poësie et l'éloquence. Ce fut le célèbre Minervius qui lui enseigna les premiers principes de l'art oratoire, dans lequel il se perfectionna par les leçons qu'il alla prendre, à Toulouse, de son oncle Arborius, qui professait dans cette cité.

Sa brillante éducation étant terminée, Ausone s'adonna au barreau et le suivit avec assiduité jusqu'à l'âge de trente ans, où il fut lui-même appelé à occuper la chaire d'éloquence, au collége de Bordeaux, dont la célébrité s'accrut dès lors de celle qu'avait acquise déjà le brillant professeur, qui eut pour auditeur, élève et ami, le jeune Paulin, depuis évêque de Nole. — C'est vers cette époque qu'Ausone épousa une jeune patricienne, nommée Attusia-Lucana-Sabina, dont la famille occupait, dans le sénat, un rang élevé ; — il en eut deux fils, dont le premier mourut en bas âge, et une fille qui reçut par ses soins une excellente éducation.

Étant devenu veuf peu d'années après son mariage, Ausone remplissait encore les fonctions du professorat à Bordeaux, lorsque Valentinien 1er, promu à l'empire en 364, — sur le bruit de sa réputation l'appela auprès de lui et lui confia l'éducation de son fils, Gratien, bientôt proclamé Auguste, dès l'âge de huit ans. Les dignités et les honneurs devinrent dès lors le partage d'Ausone, qui sut y faire participer aussi sa famille. Son vieux père eut le titre de préfet du prétoire en Illyrie, puis il fut préfet à Bazas et à Bordeaux ; — son fils, Hespère, fut vicaire en Macédoine et proconsul en Afrique ; — son gendre, Thalase, fut aussi pourvu d'un proconsulat. Quant à Ausone, d'abord questeur sous Valentinien, Gratien le nomma préfet du prétoire en Italie, puis consul dans les Gaules, où il s'adjoignit son fils, — et, enfin, comte et premier consul de l'empire.

Après la mort de Gratien, qui fut assassiné à Lyon en 383, Ausone se retira à Bordeaux où il passa, entouré de la considération générale, les dernières années de sa vie, habitant tour à tour la ville ou l'une des nombreuses propriétés qu'il avait dans la Saintonge, le Bordelais et le Bazadais. — C'est de cette dernière localité qu'arrivèrent les approvisionnements généreusement offerts par Ausone à ses concitoyens, — à l'occasion d'une famine qui avait sévi sur la ville.

Comme orateur, les titres d'Ausone à son immense célébrité ne peuvent être entièrement appréciés par nous, puisqu'il ne nous est resté, de ses œuvres en prose, que son panégyrique de l'empereur Gratien, qui est du reste un beau morceau d'éloquence. Ses autres discours, improvisés sans doute, n'ont pas été recueillis. — Il paraît d'ailleurs que la majeure partie de ses ouvrages littéraires aurait été égarée et n'existait plus lors de la première édition de cet auteur, qui fut publiée à Bordeaux en 1580 ;—nous aurions ainsi perdu une histoire qui commençait à la fondation de Rome et se terminait à son consulat, une chronique de Cornélius-Nepos et une traduction d'Ésope.

Comme poëte, malgré le ton un peu licencieux de quelques-unes de ses poésies, son mérite est incontestable. Cependant, pour la facilité de versification et aussi la pureté du langage, quelques auteurs, — dont nous ne partageons pas l'opinion, — lui ont préféré Claudien, poëte qui vécut peu de temps après lui. Après tout, fruits de ses rares loisirs et particulièrement de ceux qu'il avait procurés à sa vieillesse, — les poésies d'Ausone étaient peut-être le moindre de ses titres à la haute réputation qu'il obtint parmi ses contemporains, — laquelle eut pour base principale son immense érudition et sa grande supériorité dans l'art oratoire. Dans son poëme de la Moselle, on remarque une description si minutieusement exacte des poissons qui vivent dans ce fleuve, que Buffon lui-même ne l'eût pas désavouée. — Le crucifiement de l'amour est une piquante et agréable description d'une peinture qui se voyait à Trèves. — Les Parentales sont de gracieux tableaux d'intérieur,—pièces de vers consacrées à sa propre famille, où sont exprimés, avec une sensibilité exquise, les sentiments les plus nobles et les plus affectueux. Enfin des épîtres, églogues, idylles, et aussi quelques épigrammes, — dont nous citerons celle-ci, à cause de sa concise brièveté :

« Infelix Dido, nullo benè nupta marito !
» Hoc moriente fugis, hoc fugiente peris. »

— composent la collection, jusqu'à nous parvenue, des œuvres du premier poëte bordelais.

Il est une question qui a été fort controversée, et sur laquelle nous croyons devoir aussi émettre notre avis, — c'est celle qu'a soulevée la recherche qu'on a faite de l'opinion religieuse d'Ausone, — de la croyance dans laquelle il avait pu vivre et mourir. Examinons d'abord ce qu'en ont pensé quelques commentateurs.

La Bastie, dans une dissertation insérée au quinzième volume des Mémoires des Inscriptions et Belles-lettres, conclut au paganisme existant et persistant d'Ausone. — Il remarque que, — dans la plupart de ses poésies, l'auteur ne cesse d'invoquer les divinités du paganisme et de leur prodiguer son encens, — qu'il exhorte son petit-fils à la lecture exclusive d'Homère, de Virgile, d'Horace et de Térence. Si, d'autre part, on trouve dans les œuvres du poëte quelques passages qui ne peuvent être assurément attribués qu'à un chrétien, — le commentateur tranche cette difficulté, en disant que ces vers ne sont pas d'Ausone.

Tillemont considère Ausone comme chrétien, — *mais comme un chrétien agissant en honnête païen.*

Dom Devienne, cherchant une conviction qui semble lui échapper à lui-même, a soigneusement recueilli toutes les indications propres, selon lui, à faire considérer comme suffisamment établi le christianisme d'Ausone. Il déclare qu'il n'est pas à croire que Valentinien eût pu se résoudre à confier l'éducation de son fils à un païen ; — qu'il n'est pas supposable non plus que Gratien, si zélé pour la foi chrétienne, eût nommé un païen premier consul ; — qu'il existe, dans les œuvres d'Ausone, un fragment d'une lettre de Gratien, par lui adressée au poëte, dans laquelle cet empereur lui déclare ne s'être décidé à le nommer consul qu'après avoir invoqué les lumières de Dieu, comme Ausone lui a conseillé de le faire : — « Cum de consulibus » in annum creandis solus mecum volutarem, ut me nosti, » ut facere debui, *ut velle te scivi*, consilium meum ad » Deum retuli. »

Et le commentateur ajoute encore qu'on trouve, en tout cas, dans des écrits, dont l'origine, — comme ayant été composés par Ausone, — ne peut être aucunement contestée, — des preuves suffisantes de sa profession du culte des chrétiens. Ainsi, ayant invité Axius-Paulus à le venir voir à la campagne, Ausone engage, — dans son épître xie, — ce rhéteur à ne pas différer ce voyage, parce que les fêtes de Pâques vont l'obliger à revenir à la ville :

« Instantis revocant, quia nos solemnia Paschæ,
» Libera nec nobis est cura desidiæ. »

Si Ausone eût été païen, ne serait-il pas demeuré à la campagne, au lieu de venir passer les fêtes de Pâques à la ville ?

Enfin, le pieux bénédictin insinue qu'on pourrait aussi trouver des preuves du christianisme d'Ausone dans les épîtres que saint Paulin lui a adressées d'Espagne, — et, dans ce fait que Thritême, ainsi que quelques autres écrivains, ont si bien cru qu'Ausone était chrétien, qu'en tête d'une certaine édition des œuvres du poëte, — que le commentateur n'indique pas, — Ausone était représenté revêtu des ornements pontificaux.

Tous ces raisonnements d'un écrivain, d'ailleurs très-estimable, — à qui la ville de Bordeaux est redevable d'une œuvre historique qui brille, sinon par le style, du moins par les laborieuses recherches qu'elle a nécessitées, et par l'érudition de l'auteur, — nous semblent, il faut bien le dire, moins concluants que spécieux.

L'opinion de Thritême et celle des auteurs qui auraient pu revêtir Ausone des ornements pontificaux, ne prouveraient absolument qu'une chose, c'est-à-dire, — leur extrême ignorance.

Dans la correspondance versifiée qui s'est échangée entre Ausone et Paulin, après la conversion de ce dernier, — nous n'avons pu constater qu'un fait, c'est que l'ancien professeur reproche affectueusement à son élève d'avoir pu rompre les liens de leur ancienne amitié :

« N'est-ce pas moi, — lui dit-il, — qui ai pris soin de ton
» enfance, — qui t'ai fait entrer dans le sanctuaire des Mu-
» ses, — qui ai sollicité les emplois que tu as obtenus?....
» Pourquoi vouloir séparer Thésée de Pirithoüs, Oreste
» de Pylade, et Nisus de son cher Euryale ? Hélas, je
» croyais qu'il eût été plus facile de délier le nœud gordien
» que de rompre nos chaînes..... etc., etc. (1). »

A quoi Paulin répond :

« C'est en vain, ô mon père, que tu me rappelles à des
» occupations qui me sont maintenant étrangères. Com-
» ment un cœur plein de Jésus-Christ peut-il être ouvert
» aux Muses ou invoquer Apollon? Telle fut autrefois mon
» erreur; — mais, je sens aujourd'hui l'impression d'une
» divinité bien différente..... Je n'aperçois plus aujour-
» d'hui qu'un Dieu, vérité par essence et source de tout

(1) Aus. Ep. XXIII.

» bien ; et, — je ne l'aperçois que dans son fils, Jésus-
» Christ (1). »

Et il termine, en affirmant à Ausone que ni l'absence, ni le cours des années, n'ont pu diminuer son affection pour lui ; — il le prie de demeurer assuré que son image et ses anciens sentiments seront toujours gravés dans son cœur. — Mais, vraiment, en tout ceci, nous ne voyons pas l'apparence même de la prétendue conversion d'Ausone, — au contraire.

Quant à l'intention, exprimée par Ausone, de se rendre à Bordeaux pour les fêtes de Pâques, — elle est d'autant plus facile à concevoir, que, — vers l'époque où cette lettre a été écrite, — cette solennité était l'occasion de certains actes civils, tels que prisonniers mis en liberté, et autres de cette nature, — auxquels un magistrat éminent, tel qu'était Ausone, — devait nécessairement assister.

Et, — pour ce qui est des hautes fonctions du consulat, dont fut investi Ausone, — nous ne nous en étonnerons pas davantage, puisque, — à cette époque, et même sous le règne du pieux Gratien, — les emplois les plus élevés, dans l'ordre civil, étaient indistinctement accordés à des chrétiens et à des païens ; — ainsi, Symmaque, le plus ardent défenseur du paganisme, — était préfet de Rome. La reconnaissance de l'impérial élève pouvait donc se manifester librement, — en accordant à Ausone un titre que justifiaient ses talents et les services qu'il avait rendus. — Et, si à une proposition, à lui faite, d'une promotion à une nouvelle dignité, le poëte, — avec une modestie plus ou moins réelle, mais adaptée à la circonstance, — avait dû répondre

(1) Sancti Paulini poemata X.

à son impérial protecteur et maître : — « Prenez conseil de Dieu, » — cela s'explique surabondamment, sans qu'il en faille inférer qu'Ausone était chrétien ; car, cette réponse, dans sa position, était toute naturelle ; — en l'adressant à Gratien, il n'avait même fait que lui indiquer un précepte bien connu d'une philosophie déjà ancienne : — le *sequere Deum* des stoïciens. Et, — nous ne voyons pas qu'il lui ait dit le moins du monde : « Prenez conseil de Jésus-Christ, ou de *notre* Dieu. »

A bien plus forte raison on comprendra que Valentinien ait pu faire choix de l'illustre professeur, pour donner des leçons de belles-lettres à son fils, puisque, — de son temps et depuis Constantin, les empereurs eux-mêmes, — quoique chrétiens, — ne s'étaient pas désisté du suprême pontificat des païens, qu'ils en exerçaient certaines fonctions religieuses, et que Gratien fut le premier qui refusa de revêtir la robe pontificale. Il paraît d'ailleurs que ce jeune empereur ne cessa, — avant comme depuis son avénement, — de recevoir les religieuses instructions de Gracchus, chrétien zélé, personnage très-pieux, — qui fut, lui aussi, investi de fonctions éminentes de l'État. Et, lisez les auteurs de cette époque ; — ils vous diront de Gratien que, — « plus vertueux que son maître, Ausone, il n'avait
» appris de lui qu'à tourner agréablement des vers, à
» s'exprimer avec grâce et à composer des discours (1). »

Aussi indifférent peut-être pour l'ancien culte que pour le nouveau, Ausone nous paraît, en fait de croyance, — n'avoir professé qu'une espèce de néo-platonisme non exempt d'une certaine nuance épicurienne. Si l'on prenait

---

(1) Sulp. Sévère.

à la lettre quelques-uns de ses vers, — on serait tenté de croire qu'il nie la Providence ; et, — il ne serait même pas impossible peut-être d'y trouver une certaine tendance au matérialisme.

En tout cas,—s'il eût été chrétien,—il y a quelques-uns des actes de sa vie privée,—qu'il n'a nullement dissimulés, — où se montre un laisser-aller de mœurs, une faiblesse assez peu compatibles avec la ferveur d'un néophyte récemment converti. Ainsi, après une victoire—qui eut lieu dans une campagne contre les Barbares, où il suivit son élève Gratien,— Ausone s'adjugea, pour sa part du butin, une jeune fille suève, d'une grande beauté. Et, bien qu'âgé de près de soixante ans, le poëte ne se montra nullement disposé, en cette occurrence, à imiter la chaste continence de Scipion ; — il s'éprit au contraire violemment de cette captive, nommée Bissula. Et, cette passion le domina tellement, par la suite, qu'il ne put plus se séparer de cette jeune allemande, de laquelle il était lui-même, — au dire de ses contemporains, — *devenu l'esclave*, et qu'il aurait épousée sans doute,—si ces sortes d'alliances n'eussent été rigoureusement interdites par une loi rendue en 370 par Valentinien.

Tous ces faits, auxquels il faut ajouter les relations littéraires et amicales d'Ausone avec Symmaque, avec Libanius, ardents défenseurs du paganisme, rendent inadmissible sa prétendue conversion. — La seule supposition possible, ce serait celle d'une conversion, d'un baptême avant de mourir, — *in extremis*, — comme celui de Constantin, qui fut célébré au château d'Achyron, — près de Nicomédie. Car, c'était parfois, en ces temps-là, un usage fortement blâmé par les conciles, de différer le baptême jusqu'à la dernière heure de la vie. Mais, ce ne serait encore là qu'une supposition, qui n'a même pas été faite. Or, un pareil événement n'eut pu passer inaperçu : — Ausone était un personnage trop éminent, pour que l'évêque de Bordeaux ne présidât pas, en personne, à la cérémonie de son baptême.

En résumé, pour appuyer cette opinion, tout se borne à des inductions sans portée ni fondement, — contredites par des faits remplis de pertinence et de certitude ; — nous concluons qu'Ausone vécut et mourut païen. Il termina ses jours une douzaine d'années après sa retraite à Bordeaux, fort avancé en âge, — comme son père, qui avait vécu au delà de quatre-vingt-dix ans, — et sans avoir éprouvé aucune des incommodités de la vieillesse.

Saint Paulin de Nole.

IX

Paulin était issu d'une ancienne et illustre famille romaine, qui avait fourni à la République plusieurs sénateurs et consuls ; — préfet du prétoire dans l'Aquitaine, son père fonda, au confluent de la Dordogne, la ville de Bourg. — Il naquit à Bordeaux en 353 (1), — un an avant la naissance de saint Augustin, à Tagaste. Orné de toutes les grâces extérieures, de toutes les qualités du cœur et de l'esprit,—il fut le disciple d'Ausone,— au collége de Bor-

---

(1) M. l'abbé Blion (Nouvelles fleurs de la vie des saints) fixe à l'année 358 la naissance de saint Paulin.

deaux, et devint bientôt son ami, — malgré la grande différence d'âge qui existait entre eux.

Après de brillantes études, Paulin entra dans le monde avec tous les avantages d'une illustre naissance, d'une brillante instruction, et de l'immense fortune qu'il possédait.

Épris, — dès l'âge de dix-neuf ans, — par des qualités solides, Paulin épousa une jeune espagnole d'une éminente vertu, nommée Therasia. — Il fut, peu de temps après, pourvu du gouvernement de l'Épire ; — puis, aidé de l'appui d'Ausone, — alors en grand crédit auprès de l'empereur, — il fut nommé proconsul dans la Campanie.

Pendant qu'il occupait ce dernier emploi, son frère ayant péri dans une sédition à laquelle il avait pris part, Paulin, — bien que sa générosité et l'affabilité de son caractère dussent lui avoir fait un grand nombre de partisans et d'amis, — craignit de voir peser sur lui la proscription attachée à la mémoire de son frère, — dont les biens avaient été confisqués ; et il se retira dans une terre qu'il possédait dans les environs de Fondi, — où il vécut, pendant quelque temps, dans une solitude absolue. — Nous avons lieu de croire que c'est pendant cette retraite que les yeux de Paulin s'ouvrirent à la vue du spectacle de ce vieux monde romain, — usé de scepticisme et de vices, — que n'avait pu arrêter, dans sa marche, vers une ruine imminente, — la foi nouvelle qui eut dû le régénérer.

Jetant un regard en arrière, il dut être frappé des progrès lents, mais sûrs, depuis trois siècles, de quelques esprits vers les idées nouvelles, — vers ce culte de paix, de fraternité et de charité, qu'était venu proclamer, — à la face du vieux monde, — l'homme divin, crucifié dans une ville de Judée.

Plus pratique que spéculatif, le premier siècle chrétien avait été à l'action plus qu'à la parole. Les premiers sectateurs, hommes simples, hommes du peuple, n'avaient pas vu leurs rangs grossis par les puissances de la terre, — *non multi divites*, *non multi nobiles*, — saint Paul l'a dit. L'enthousiasme d'hommes qui avaient vu Jésus-Christ, la résignation dans le martyre, la vérité de la foi, avaient tout fait.

Au IIe siècle, l'érudition, la logique et l'éloquence viennent au secours de la foi nouvelle ; — Athénagore et Justin plaident, avec une noble indépendance, la cause de la vérité, de la liberté, de la justice, et démontrent le néant des absurdités, des immoralités du polythéisme.

Puis un développement plus éclatant, plus scientifique de la foi s'était produit ; — au milieu de cette ville d'Alexandrie, — qui accueillait dans son sein toutes les croyances, toutes les doctrines, et aussi toutes les erreurs, — s'était élevée une école de théologie philosophique ; et, bientôt, — au milieu des hérésies plus funestes encore que la persécution, — la foi victorieuse, — après s'être assise sur le trône des Césars, — marchait triomphante à la conquête du monde ; et, — l'humanité faisait un grand pas dans la route qui mène à Dieu. — Quelles grandes pensées durent naître dans l'âme de Paulin !

Après la mort de Gratien et à la suite des troubles qu'elle occasionna, Paulin revint dans sa patrie. S'étant lié avec saint Martin de Tours, — exhorté par sa pieuse épouse, — comme le fut saint Augustin par sa mère, — instruit des principes du christianisme par saint Amand, — Paulin reçut le baptême à Bordeaux, des mains de l'évêque Delphin.

Il se retira immédiatement après en Espagne avec son épouse qui lui fut enlevée, par la mort, peu après. Ils vendirent leurs biens pour en distribuer le produit aux pauvres, et vécurent dans une humilité que saint Augustin présentait comme exemple de renoncement et de perfection évangéliques.

Ayant reçu la prêtrise à Barcelone, Paulin se rendit à Rome pour s'y confirmer dans de salutaires résolutions, par des méditations au tombeau de saint Félix, — à la succession duquel il fut bientôt appelé, sur le siége épiscopal de Nole.

Cette ville fut bientôt prise et saccagée par les Goths, qui respectèrent pourtant les vertus de saint Paulin : — il n'en continua pas moins à conserver son siége. Il s'y occupa de rétablir la discipline, les mœurs publiques auxquelles ces grandes commotions sociales avaient porté de si rudes atteintes. Il assista à plusieurs conciles et ne cessa, — jusqu'à sa dernière heure, — d'être l'objet de l'admiration, de la vénération des infidèles eux-mêmes, — tant est grand sur les cœurs qui lui sont le plus rebelles, l'empire d'une haute vertu. Des douleurs cruelles, — supportées avec une pieuse, une sainte résignation, — terminèrent la vie de cet illustre personnage — en l'an 441.

La fontaine Divone.

X

Nous l'avons dit déjà, — de toutes les villes élevées dans les Gaules par les Romains, Bordeaux est l'une de celles qui ont le plus souffert, dans leurs antiques monuments, des invasions des Visigoths, Normands et Sarrasins.

L'un de ces monuments détruits de la capitale de l'Aquitaine, dont on n'a pu retrouver la trace, la fontaine Divone, — *fons diva* ou *divona*, — a été décrite par Ausone, et devait, si l'on en croit cet auteur, être l'un des plus beaux monuments de la ville.

« Salve, fons ignote ortu, sacer, alme perennis,
» Vitree, glauce, profunde, sonore, illimis, opace.

» Salve urbis genius, medico potabilis haustu,
» *Divona*, cellarum lingua, fons addite Divis.
» Non Aponus portu, vitrea non luce Nemausus
» Purior, æquoreo non plenior amne Timavus (1) ! »

La célébrité de cet édifice s'est accrue de l'inutilité même des recherches qu'on a faites pour assigner sa position. La sagacité des savants et des antiquaires s'y est vainement épuisée, bien qu'on ait la certitude que, contrairement aux autres monuments publics, d'une utilité moins pratique, — elle fut très-certainement élevée dans l'enceinte même des murs de l'antique cité.

En 1440, Pierre Berland, archevêque de Bordeaux, faisant creuser les fondements du clocher qui porte son nom, on y retrouva les restes d'un édifice qui paraissait avoir été une fontaine, et qui eut pu être celle mentionnée par Ausone, puisque ces ruines se retrouvaient près du Peugue, et dans l'emplacement à peu près où s'élevait, — du temps des Romains, — l'une de ces petites places qui ornaient, à l'intérieur, chacune des portes de la ville. — Mais, aucune analogie entre les débris qu'on venait de découvrir et la description de la divine fontaine, — ne put permettre d'établir la moindre certitude sur un événement qui, — en même temps que l'érection du Campanello Berland, — fut pourtant célébré dans des vers que nous nous abstiendrons de transcrire ici, — attendu qu'ils ne sauraient aider en aucune façon à éclaircir la question qui nous occupe.

Un siècle plus tard, Vinet, le savant antiquaire, le commentateur laborieux, fit aussi sa découverte. Il paraît

---

(1) **Ausonii** burdigalensis, ordo nobilium urbium. (Burdigala.)

même, — ainsi qu'il arrive souvent, — que le hasard parut le devoir servir mieux que ne l'avaient pu faire les études les plus assidues. — Près de la Porte Saint-Julien, se trouvait un moulin, nommé le Moulin des Arcs, — sur le chemin du Sablonat. A quelque distance de ce moulin, on trouva des restes d'un aqueduc qui avait dû être considérable ; — puis, quelques milles plus haut, vers le Sablonat, — on découvrit, quelques jours ensuite, des tuyaux de même grosseur que les premiers, — ayant six pouces de diamètre. Enfin, Vinet, vers le même lieu, croit reconnaître, à quelque vieux pan de muraille, enfoui sous terre, l'emplacement même du réservoir immense qui avait dû alimenter les douze canaux de la célèbre fontaine. Plus de doute, dut se dire l'honnête antiquaire, je suis sur la voie, — je vais enfin découvrir *ma fontaine!* — Vain espoir. — Le consciencieux Vinet, dans son commentaire d'Ausone, publié trente ans après l'événement dont il s'agit, — après une recherche longue, incessante, désespérée de la fameuse fontaine, tout aussi introuvable que celle de Jouvence, — Vinet, disons-nous, avoue humblement son indécision et l'insuccès de ses longs travaux. Il se borne à quelques timides conjectures : — il fait remarquer l'analogie des mots *fons divona* avec le nom de Font-d'Audège, — en latin *fons Odeïa*, — qui est celui de l'une des fontaines de la ville moderne ! — La fontaine d'Ausone n'est pas encore trouvée.

Enfin, vers le milieu du siècle dernier, on découvre, dans la cave d'une maison de la rue Poitevine, des marbres qui paraissent avoir appartenu à la construction d'une fontaine. Aussitôt, savants, antiquaires et commentateurs, se remettent en campagne, — et finissent par ne rien trouver non plus. — Et, Dom P. Devienne, le studieux bénédictin, n'a pas, plus que ses prédécesseurs, pu retrouver la fontaine perdue.

Si nous avions à émettre notre avis sur ce point délicat des antiquités bordelaises, nous dirions que Vinet seul nous semble avoir été sur la trace, sur la voie véritable qui conduisait à la divine fontaine, — l'aqueduc du Sablonat. Or, Ausone ayant malheureusement omis de désigner le lieu même où était érigée, — dans l'enceinte des murs de l'antique cité, — la fontaine dont il nous a, dans ses vers, transmis le nom, — et cet énorme aqueduc, — dont Vinet retrouva les vestiges, — étant le seul qui, par ses dimensions, ait pu être propre à l'alimentation d'une fontaine qui servait à la consommation de toute une cité assez populeuse, — c'est à l'endroit même où se terminait, — dans l'enceinte des murs de l'antique Bordeaux, — l'aqueduc susdit, que se retrouverait assurément la fontaine cherchée. — Il est vrai que ceci équivaut tout uniment à dire que, — pour retrouver la fontaine d'Ausone, il ne faut rien moins que découvrir..... la fontaine elle-même. Dans une question aussi ardue, où on ne peut plus avoir d'autre guide que le hasard, attendu qu'il ne faudrait rien moins que démolir et fouiller plus de la moitié de la ville actuelle, — pour procéder avec quelque certitude de succès, et arriver à une solution qui ne saurait avoir d'autre résultat qu'une pure satisfaction d'une curiosité de savant et d'antiquaire, — nous n'hésitons pas à avouer notre incompétence.

Les Priscilliens.

XI

Le christianisme, — qui, dès son origine, bravant la persécution, s'était, avec une si merveilleuse rapidité, répandu dans toutes les provinces de l'empire, et que Symmaque, l'orateur,—victorieusement réfuté par Orose, Salvien et saint Augustin, — dénonçait comme la cause première, la cause unique des malheurs du temps et d'une décadence, triste résultat de tant d'autres motifs, — était déjà livré, vers la fin du IVe siècle aux dissensions, aux luttes intestines de plusieurs schismes, dont l'arianisme était le plus redoutable et le plus puissant. — La secte des priscilliens est toutefois la première contre laquelle l'autorité se soit armée du glaive, — elle fut l'occasion d'un concile tenu à Bordeaux.

Priscillien était un espagnol né en Galice. L'hérésie dont il se fit l'adepte et le propagateur, paraîtrait avoir été un composé de diverses erreurs, — accompagné de pratiques empruntées aux gnostiques, aux manichéens et aux païens, — importé par un nommé Marc, qui, de Memphis, était venu prêcher sa doctrine en Espagne. — Noble, jeune, riche, spirituel, éloquent, et surtout dialecticien subtil, Priscillien devint bientôt le chef de la secte, qui prit son nom ; il y gagna un grand nombre de personnes, — surtout des femmes, — et même quelques évêques, qui, — quoique laïc, — le nommèrent évêque d'Avila.

Dénoncés au concile de Saragosse, — où ils furent condamnés par contumace, — les priscilliens en appelèrent au pape Damase ; et, pour se rendre à Rome, Priscillien, Salvien et Instance traversèrent l'Aquitaine, — où ils firent des prédications et semèrent leurs erreurs. Il paraît même qu'ayant séjourné dans les terres d'une dame de Bordeaux, nommée Euchrochia, — laquelle était veuve d'Atticus Delphidius, professeur qui avait succédé à Ausone, dans la chaire d'éloquence du collége de cette ville, — cette dame adopta avec ardeur la nouvelle doctrine, — et se mit, avec sa fille, à la suite de ces fanatiques.

Ils allèrent à Rome, où ils ne furent pas admis par le pape ; — et, enfin, après bien des vicissitudes, — ayant été jugés à Bordeaux, par un concile, et, sur l'accusation de l'évêque Ithace, ils y furent de nouveau condamnés, et formèrent un nouvel appel de cette condamnation à l'empereur Maxime. — Transférés à Trèves, Priscillien, la veuve Euchrochia, et cinq de leurs adhérents, eurent la tête tranchée. — Vers la même époque, en 385, une femme suspectée de priscillianisme fut massacrée par le peuple, à Bordeaux, — car, déjà, les haines qui s'élevaient entre chrétiens de sectes différentes étaient plus ardentes que tous les dissentiments qui existaient entre ceux-ci et les païens.

Cette persécution, — fortement blâmée par saint Martin de Tours, — loin d'éteindre la nouvelle hérésie, produisit, — comme on eut dû s'y attendre, — un effet tout contraire : — Elle l'accrédita, la répandit, — la Galice surtout en fut infestée ; — on y transporta le corps de Priscillien — et ceux de ses adhérents, mis à mort avec lui, et considérés comme des martyrs. En vain les priscilliens se virent de nouveau condamnés, l'an 400, par le concile de Tolède ; — malgré tous les anathèmes, — malgré les lois sanguinaires d'Honorius et de Théodose le Jeune, — cette doctrine persista et se maintint jusque vers la fin du vi⁰ siècle.

Décadence de l'Empire.

XII

Un vaste et grand esprit a résumé, dans un livre qui est un modèle de précision et de style, les causes diverses de la grandeur et de la décadence de l'empire romain. En généralisant les termes de la question que s'était posée Montesquieu, on pourrait, ce nous semble, assigner trois phases distinctes et successives à l'existence sociale de toute agglomération humaine, arrivée à former ce qu'on appelle une nation, — et destinée à parcourir ce cercle infranchissable où se meuvent les générations humaines, aspirant sans cesse, au milieu du bouleversement des empires, — à une palingénésie irréalisable. Première époque, — prise de possession du sol, application aux travaux de l'agriculture, mœurs simples, croyances fortes ; — à la deuxième, agrandissement par l'assimilation ou la conquête, exaltation du sentiment patriotique, développement de toutes les facultés humaines ; — puis, viennent ensuite, et infailliblement, l'affaiblissement des croyances et des principes sociaux, la superpopulation, la dissolution des mœurs par le luxe, le paupérisme, et l'asservissement par une ou plusieurs nations prétendues barbares, — par cela seulement qu'elles sont plus vivaces et plus jeunes, — ordinairement guidées à la conquête par une grande idée, si ce n'est par un chef barbare, qui est tout uniment un héros. La destinée des nations n'est autre que celle que les lois d'une immuable Providence ont assignée à toutes les choses de ce monde : — croître, dépérir et disparaître. Et, appliquée à l'histoire romaine, cette synthèse se résumerait en trois noms, qui ont été la vivante signification de ces trois époques : — Porcius Caton, — Octave-Auguste, — Alaric.

Depuis près de deux siècles, ces hordes innombrables, venues du nord de l'Europe et du centre de l'Asie, campaient sur les frontières de l'empire ; et, si elles ne s'y étaient pas établies encore, c'est qu'elles trouvaient plus commode et avantageux d'y faire de fréquentes incursions pour ravager et piller.

Dès le règne de Gallus, successeur de Dèce, il avait fallu traiter avec les Goths ; et, ce traité, arraché à la faiblesse, avait été violé bien souvent.

Pour suppléer ses soldats énervés, Théodose les introduisit dans l'empire ; et, il en vint un si grand nombre, que, — pour se débarrasser de ces auxiliaires dangereux, —il en envoya plusieurs légions en Égypte. Il est facile de prévoir ce que devait produire ce mélange de soldats Goths et Romains, à une époque très-voisine de celle où Gratien avait dû permettre à ceux-ci,—qui trouvaient leurs armes trop pesantes, — de quitter leurs cuirasses et d'échanger leurs casques contre une coiffure plus légère (1), — si bien qu'exposés ainsi aux coups, sans défense, ils devaient nécessairement désormais ne plus songer qu'à la fuite.

L'affreux désordre qui existait déjà dans la possession du souverain pouvoir, était d'ailleurs arrivé à ce point que, par la seule force des choses, — et sans le surcroît même de l'invasion des Barbares, — l'un et l'autre empire n'en paraissaient pas moins se devoir dissoudre et périr. — Ainsi, dès le règne de Valérien et de son fils Gallien, il ne s'était pas présenté moins de trente compétiteurs, prétendants à l'empire, lesquels s'étaient entredétruits dans les horreurs de la guerre civile. Et, dès cette époque, — comme l'a dit Montesquieu, — ce qu'on appelait l'empire romain, n'était plus qu'une république irrégulière, telle que fut, depuis, la régence d'Alger, où la milice, qui avait la puissance, faisait et défaisait un magistrat, — nommé le dey.

Ce ne fut pas une seule invasion qui amena la destruction de l'empire,—ce fut une série, une suite d'incursions et de conquêtes. Depuis que Gallus avait dû traiter avec les Barbares, on en était venu à la honteuse nécessité de tâcher d'arrêter le flot de l'invasion imminente par des sacrifices d'argent ; — mais, une paix achetée, ne peut jamais avoir une longue durée.

Dans les premières années du ve siècle, Théodose II et

---

(1) Végèce, de re militari, lib. II, chap. xx.

Honorius se partageaient l'empire.—Tantôt à Milan, tantôt à Trèves, ce dernier portait d'une main débile le sceptre de l'empire d'Occident. Rome, abandonnée et presque sans défense, semblait n'attendre que l'arrivée d'Alaric pour capituler.

Massés sur toutes les frontières, les Vandales, les Scandinaves, les Huns, les Suèves, — les Goths, Visigoths, Quades, Gépides, Sarmates et Saxons, — assistaient à la décomposition qui s'opérait sous leurs yeux, prêts à se précipiter sur leur proie, — dès que l'appauvrissement des empereurs ne permettrait plus d'acheter leur inaction.

Suite.

XIII

Le luxe avait pris une extension inouïe, à mesure que s'affaiblissaient toutes les puissances, toutes les forces de l'administration et de l'État. Depuis Constantin, l'habillement des empereurs était de la plus grande magnificence. Ils portaient une tunique de pourpre, sur une robe de soie brochée d'or et relevée de broderies. Leur trône était d'or massif; — il y avait de l'or sur leurs armes, sur les habits de leurs gardes, sur leurs chars, sur les harnais de leurs mules blanches,—de l'or partout. Les consuls et les grands seigneurs avaient aussi des chars, attelés de mules blanches, caparaçonnées d'or et d'argent.

Le nombre des domestiques et eunuques (car il y avait aussi des eunuques) se réglait sur l'opulence et le rang ; — quelques-uns en avaient jusqu'à deux mille, ornés de bracelets et de colliers d'or. Dans les maisons, la richesse était prodiguée, souvent aux dépens du bon goût ; — l'or, l'argent et l'ivoire faisaient la matière des lits, des chaises et des vases. Le costume des femmes était surchargé d'ornements.

La religion chrétienne n'avait pu extirper ni corriger des mœurs abominables qui rappelaient les plus honteux excès des règnes de Néron, Domitien et Caligula. La licence du théâtre était extrême, — tout y respirait le libertinage, la dépravation et la débauche.

Les sciences, les lettres et les arts ont une liaison tellement immédiate avec le gouvernement d'un peuple, que des variations dans le monde intellectuel et moral doivent nécessairement suivre celles qui s'opèrent dans l'ordre politique. — A cette époque, la philosophie n'était plus qu'une espèce de cabale. — Les nouveaux platoniciens, ennemis du christianisme, avaient introduit une métaphysique mystérieuse et chargée d'allégories. Toute espèce de superstition et de sortilége était en grand crédit ; et on ne voyait partout que faiseurs de miracles, — charlatans qui trompaient le peuple par leurs prestiges.

La poésie venait, sous la plume d'Ausone, de jeter ses dernières étincelles, — où se mêlait bien déjà peut-être quelque peu de fumée. Claudien, que quelques-uns préfèrent au poëte bordelais, semble avoir emprunté quelque chose de la force, de l'énergie de quelques poëtes antérieurs ; — mais, il nous paraît presque toujours affecté, et est souvent monotone. Voulant s'élever sans cesse au sublime,—il n'est ordinairement que gigantesque.

Si l'éloquence se montre encore avec quelque éclat, — on ne la retrouve que dans les écrits des orateurs chrétiens : — saint Grégoire de Naziance, saint Basile et saint Grégoire de Nysse.

Les médailles et les restes d'architecture de la fin du IV° siècle, sont une preuve encore existante de la décadence où étaient arrivés aussi, à cette époque, les arts dont le dessin forme la base et le fondement.

Invasion des Barbares.

XIV

L'empire d'Occident fut le premier détruit, parce que c'est vers lui que se dirigeaient naturellement et tout d'abord les envahisseurs, qui, de ce côté-ci du Danube, — trouvant à leur gauche le Bosphore, défendu par tout ce qui restait des forces de l'empire d'Orient, — se jetaient, à droite, sur l'Illyrie, et se poussaient les uns les autres sur l'Europe, vers laquelle s'opérait ainsi un transport de peuples, un reflux de nations.

Maître de toutes les contrées qui s'étendent depuis le Pont-Euxin jusqu'aux embouchures du Rhin, un homme, surnommé le *Fléau de Dieu*, avait commencé par se soumettre tous les peuples barbares, qui, reconnaissant en lui le génie de la destruction et de la conquête, s'étaient placés sous sa domination et obéissaient à son pouvoir. Il avait ensuite détruit, les uns après les autres, tous les ouvrages de défense que les Romains avaient élevés sur le Danube et le Rhin ; — et, il était là, formidable, prêt à lancer les flots de l'invasion sur un ennemi sans défense, déjà à moitié vaincu. — Cet homme s'appelait Attila !

Dans sa maison de bois, — où les Romains de l'un et l'autre empire venaient recevoir des lois et implorer sa clémence, —ce roi des Huns avait conservé toute la simplicité primitive du peuple dont il était le chef. — Il laissait subsister encore les Romains, parce que la politique de sa nation était de soumettre, d'asservir et de rançonner avant que de conquérir. Aussi, avait-il mis sur l'empire d'Orient un tribut de deux mille cent livres d'or ; — de plus, il envoyait à Constantinople ceux de ses chefs qu'il voulait récompenser, afin qu'on les comblât de richesses, — ne se réservant quant à lui aucune part du butin, se contentant des simples appointements de *général des armées romaines*, qu'il se faisait payer très-exactement du reste, par dérision sans doute ; — et, il disait ceci :

« Théodose assurément, et j'en conviens, est issu d'un
» père très-noble, tout comme moi ; mais, en me payant
» le tribut, il est déchu de sa noblesse — et est devenu
» mon esclave ! »

Comme une lave envahissante, le mouvement se continue dans les premières années du ve siècle ; et ces hordes affamées, portant partout la dévastation et le pillage, ravagèrent la Thrace, la Pannonie, la Macédoine, la Thessalie, la Grèce, l'Illyrie, les Gaules, et pénétrèrent jusqu'au centre de l'Italie et en Espagne.

Ayant vaincu Honorius, prince aussi lâche que vaniteux, — le précurseur d'Attila, Alaric, met Rome à contribution et la livre ensuite au pillage. Cet insatiable vainqueur, roi des Goths et Visigoths, allait continuer ses conquêtes jusqu'en Afrique, lorsqu'il est surpris par la mort, l'an 410 ; et, ses soldats, ayant placé son corps entre deux boucliers, lui donnent pour sépulture le lit d'une rivière, le Busento, dont les vaincus ont dû détourner le cours, — pour ces funérailles guerrières.

Cession de Bordeaux.

XV

Depuis le règne de Constantin, la ville d'Arles avait acquis une grande importance ; et cette importance, Honorius l'avait accrue encore en accordant à cette cité des priviléges particuliers et considérables ; — on l'appelait, dans les rescrits impériaux, *la mère de toutes les Gaules*. C'est là que les consuls provinciaux recevaient l'investiture de leur charge, les préfets du prétoire et autres magistrats supérieurs y résidaient ; — et, depuis quelques années, elle était érigée en métropole ecclésiastique. Un arrêté du préfet Pétrone, avait désigné cette ville pour la réunion des magistrats ou députés des sept provinces, qui s'y devaient rendre, chaque année, pour la délibération des affaires ; — et un édit d'Honorius, du 17 avril 418, venait de renouveler cette convocation, — que l'occupation, cette fois définitive, des provinces, par les Barbares, empêcha.

Une éclipse de soleil presque totale, — arrivée le 17 juillet de cette même année, et l'apparition d'une comète, signalèrent les événements à la suite desquels Bordeaux, — avec les riches provinces dont elle était naguère la métropole, — passa sous la domination d'un peuple qui, — venu des extrémités de l'univers, — allait enfin s'y établir, après avoir erré pendant plusieurs siècles.

Pour mettre, s'il était possible, un terme aux ravages des Visigoths, — qui ne trouvaient d'ailleurs plus rien à piller, puisqu'ils avaient déjà presque tout détruit, — il n'y avait plus qu'à leur céder, en toute propriété, le sol lui-même, pour s'en conserver du moins une partie, — c'est ce qui eut lieu.

Ces Barbares, comme on les appelait, avaient d'ailleurs en eux, comme toute agglomération humaine, l'élément civilisateur. Pour le voir se développer, il ne leur manquait que de se fixer sur un sol plus ou moins fertile, et de s'y attacher par la propriété. Ainsi, quelques-uns d'eux s'étant, en 382, définitivement établis dans la Mésie, — ils l'avaient immédiatement ensemencée et couverte de moissons. Voyez d'ailleurs, à une autre époque plus récente, les Arabes, ces autres barbares, qui, depuis des milliers de siècles errent de l'Euphrate à la mer Rouge. — Au IXe siècle, le fanatisme les fait aussi se précipiter à la conquête ; — ils s'emparent de la Syrie, puis l'Égypte et enfin l'Espagne deviennent leur proie, reconnaissent leur domination et obéissent à leur pouvoir. Fixés dès lors au sol, devenus stationnaires et agriculteurs, ces barbares, trois siècles après, étaient devenus déjà le peuple le plus civilisé de la terre. Ils avaient cultivé toutes les sciences, fait progresser celle de la médecine, inventé l'algèbre, couvert l'Espagne de monuments admirés, — ils avaient construit l'Alhambra.

Un traité, souscrit par Constance,—au nom du faible Honorius, et d'après l'avis qu'en donna Stilicon, général qui avait le commandement des troupes, — céda à Vallia, roi des Visigoths, et à ses successeurs, l'Aquitaine et la Novempopulanie, — c'est-à-dire le Poitou, la Saintonge, l'Angoumois, le Périgord, le Bordelais, l'Agenais et toute la Gascogne, jusqu'aux Pyrénées. Et de toutes ces contrées, — où était comprise Toulouse, qui en devint la capitale,—se trouva formé le *royaume de Gothie*, qui devait durer quatre-vingt-huit ans, duquel Bordeaux, — cité déchue pour un moment de sa première splendeur, ayant été ravagée et presque démolie quelques années auparavant, — ne fut plus qu'une ville secondaire.

Conclusion.

XVI

Tels furent les faits principaux de cette première époque, — dont la durée est de quatre cent soixante ans à peu près,— de l'histoire d'une ville qu'attendait, dans l'avenir, une brillante destinée, et qui, — au milieu de beaucoup d'autres individualités remarquables, — devait inscrire dans ses fastes, deux noms qui ont aujourd'hui conquis une immortelle célébrité : — au xvie siècle, Michel Eyquem de Montaigne ; — au xviiie, Charles de Secondat de Montesquieu.

TABLE.

I. — Les premiers fondateurs de Bordeaux.
II. — Preuves de cette origine.
III. — Burdigala.
IV. — Bordeaux reconstruit par les Romains.
V. — Description.
VI. — L'amphithéâtre Gallien. — Les Piliers de Tutèle.
VII. — Caïus Pessuvius.
VIII. — Decius Magnus Ausonius.
IX. — Saint Paulin de Nole.
X. — La fontaine Divone.
XI. — Les Priscilliens.
XII. — Décadence de l'Empire.
XIII. — Suite.
XIV. — Invasion des Barbares.
XV. — Cession de Bordeaux.
XVI. — Conclusion.

Librairie de A. COURCIER, 9 rue Hautefeuille.

DISSERTATION HISTORIQUE

SUR LES ORIGINES

DE LA

VILLE DE BORDEAUX

PAR

M. le Ch^{er} Michel-Anatole SIMÉON,

Docteur en Médecine de la Faculté de Paris, Médecin Honoraire de la Société Asiatique
et Membre de l'Institut Historique de France, etc., etc.

1 Vol. in-8° — Prix : 1 fr. 50.

L'origine des villes, comme celle des nations et des grandes maisons historiques, est ordinairement enveloppée d'une obscurité où se trouven souvent mêlées les allusions de la fable, les allégories dues à l'imagination des peuples, transmission plus ou moins fidèle d'une tradition la plupart du temps peu véridique.

Dégager les faits historiques de ces allégations sans fondement, assigner à chacune des principales villes de France l'époque de son origine, narrer les faits principaux des temps contemporains de ces origines, indiquer les dates précises, dire quels furent les causes et les auteurs de ces diverses fondations, telle est la tâche que paraît s'être imposée M. le chevalier Anatole Siméon et dans laquelle il débute si brillamment aujourd'hui en publiant cette *dissertation* sur les premiers temps de l'histoire de l'une de nos principales cités.

Ce livre contient une exacte narration des circonstances les plus remarquables de Bordeaux depuis l'époque de sa fondation, cinquante ans avant Jésus-Christ, jusqu'à celle où cette ville, par sa cession à Vallia, roi des Visigoths, fut incorporée au royaume de Gothic, en l'an quatre-cent dix-huit de l'ère chrétienne.

L'œuvre de M. le chevalier Siméon est aussi bien pensée qu'élégamment écrite. Ayant à reproduire une époque à peine indiquée par les historiens de Bordeaux et à narrer une origine qui a donné lieu à bien des controverses, il a parfaitement élucidé la question qu'il s'était posée.

1851

Ce livre, qui satisfera tous les lecteurs désireux de connaître les premiers temps historiques d'une ville si intéressante, contient un précis de la vie d'Ausone, poëte bordelais qui fut le précepteur de l'empereur Gratien et l'un des personnages les plus considérables de son siècle. On y lit aussi, avec intérêt, la vie d'un autre Bordelais célèbre qui fut un homme éminent par sa piété et ses vertus, c'est-à-dire saint Paulin, évêque de Nole, au royaume de Naples ; et on y trouve en outre une description de la ville de Bordeaux et de ses monuments pendant l'occupation romaine.

Narrateur fidèle, juge éclairé et impartial, commentateur laborieux, l'auteur ne s'est pas borné à écrire une sèche et aride chronique. Il sait amuser le lecteur tout en l'instruisant et a ainsi assuré à son œuvre un succès infaillible.

LA VIERGE

HISTOIRE DE LA MÈRE DE DIEU

ET DE SON CULTE.

Complétée par les traditions d'Orient, par les écrits des saints Pères et l'histoire privée des Hébreux.

Par M. l'abbé Orsini,
Vicaire-Général honoraire de Gap, chevalier de la Légion-d'Honneur.

Nouvelle édition illustrée de seize magnifiques gravures sur acier, de cent-cinquante gravures sur bois, intercalées dans le texte, et deux titres frontispices imprimés en or et en couleur.

Deux magnifiques volumes grand in-8° Jésus, papier vélin glacé. — Prix : fr. 24.

Le titre de cette œuvre éminente, qui a été traduite dans presque toutes les langues de l'Europe et qui a valu à l'abbé comte Mathieu Orsini l'honneur insigne d'une épître approbative et élogieuse de N. S. P. le Pape, placée en tête du premier volume, est à lui seul devenu aujourd'hui une apologie qui nous dispense de tout développement ou commentaire. »

POUR PARAITRE PROCHAINEMENT :

ROME ET LES ORSINI

PAR

Edouard DOUSSE D'ARMANON,

NOBLE DE LA COUR ROMAINE, CHEVALIER DE SAINT GRÉGOIRE LE GRAND.

Après les mille et une relations de voyages en Italie qu'une multitude d'auteurs ont publiées, voici venir un livre qui se fera lire avec intérêt et qui trouvera assurément de nombreux lecteurs.

Sans négliger ces incidents variés de la vie de voyage qui ont toujours tant d'attrait pour les personnes qui voyagent comme pour le lecteur qui ne voyage pas, l'auteur raconte, dans un style aussi varié que son sujet, les occurrences et les incidents divers de son premier voyage en Italie.

Un motif de pieuse gratitude l'avait appelé à la cour romaine et il se trouva dans la capitale du monde chrétien à l'époque des fêtes solennelles qui y furent célébrées, en mil huit cent trente-neuf, à l'occasion de la canonisation de plusieurs éminents personnages.

Ayant visité d'abord quelques autres villes d'Italie, où le lecteur le suivra avec intérêt, M. Dousse d'Armanon n'a pas marché dans la voie toute tracée de ces descriptions qui, publiées dans les guides ou itinéraires de voyages se trouvent dans les mains de tout le monde. Son livre contiendra une narration aussi piquante que pleine d'intérêt de ses impressions personnelles.

Arrivé à Rome, il nous fait assister aux cérémonies imposantes de la béatification qui eurent pour spectateurs cinq ou six souverains couronnés et un immense concours de voyageurs, d'étrangers de toutes les nations de l'Europe et du monde entier.

Un précis de la vie de Grégoire XVI, ses conversations avec l'auteur, les costumes de la cour de Rome, des détails généraux, un aperçu des habitudes intérieures du palais pontifical, des descriptions de quelques monuments de la ville éternelle à un point de vue complétement nouveau ou oublié par les auteurs qui ont précédé, tels sont les points principaux qui formeront un ensemble aussi varié que neuf dans ses détails.

S'étant occupé de recherches historiques sur les plus illustres maisons romaines, l'auteur a joint à son livre, ou bien plutôt a très-habilement relié à son récit, par réminiscence sans doute d'une rencontre que lui offrit le hasard dans le palais pontifical, une chronique des Orsini, maison célèbre qui remonte au siècle d'Auguste, qui a donné à la chrétienté quatre papes, près de trente cardinaux, et à laquelle se rattachent pendant une suite de siècles plusieurs séries d'individualités remarquables dans tous les genres.

On peut prédire un succès assuré à ce livre, dont la publication était impatiemment attendue.

Ces ouvrages se trouvent aussi chez les libraires suivants :

A Bordeaux.	MM. Chaumas-Gayet.
Agen.	Chairou et Cie.
Toulouse	Delboy.
Id.	Jougla.
Bayonne.	Andréossy.
Tarbes.	Gaye.
Nantes.	Guéraud.
Mont-de-Marsan.	Chabeau.
Bergerac.	Boyer.
Niort.	Robin et Cie.
Poitiers.	Létang.
Pau.	Lafond.
La Rochelle.	Boutet.
Saintes.	Bourbaud.
Napoléon-Vendée.	Vc Perrot.
Angoulême.	Perez-Lecler.
Auch.	Brun.

Poissy, typographie Arbieu.

LES ANTIQUITEZ,

RARETEZ, PLANTES, MINÉRAUX,

ET AUTRES CHOSES CONSIDÉRABLES

DE LA VILLE ET COMTÉ DE CASTRES D'ALBIGEOIS,

ET DES LIEUX QUI SONT A SES ENVIRONS,

AVEC L'HISTOIRE DE SES COMTES ET EVESQUES, Etc.,

DE MAISTRE PIERRE BOREL, DOCTEUR EN MÉDECINE,

1649.

RÉIMPRESSION PAR SOUSCRIPTION

SOUS LES AUSPICES DE LA MUNICIPALITÉ DE CASTRES.

PROSPECTUS.

A notre époque, où les tansformations sont si rapides, on ne saurait mettre trop de zèle à conserver le souvenir de ce qui s'efface, et recueillir les monuments de toute sorte qui peuvent servir d'éléments aux histoires locales.

Notre intention est de publier, *sans y rien mettre du nôtre*, ce qui a été écrit touchant les choses de notre pays.

Le livre de Borel, devenu très-rare, est recherché à tel point que plusieurs fois on a parlé de le réimprimer ; ces projets accueillis avec faveur n'ont pas eu d'exécution pour des causes assez connues. Si des obstacles imprévus ne nous en empêchent, l'impression des mémoires inédits que nous pourrons nous procurer suivra ce premier travail.

Quelle que soit notre répugnance à parler de nous, nous devons dire ici qu'habitué à ne relever que de notre conscience, recherchant en tout la justice et la vérité, nous ne perdrons pas de vue que nous écrivons sous la dictée de *témoins* du temps passé et que la moindre altération au profit des préoccupations contemporaines, au-dessus desquelles nous saurons nous élever, serait un manque de loyauté dont nous sommes incapable.

Quant au Livre de Borel dont il s'agit maintenant, nous reproduirons rigoureusement le texte *avec son ortographe, même fautive.* Les seuls changements seront : 1° la distinction du *J* d'avec l'*I* et du *V* d'avec l'*U*; 2° la correction des fautes évidemment typographiques; 3° l'incorporation dans le texte de l'Appendice que Borel lui-même a mis a la fin de son ouvrage sous forme d'Errata.

Nous prions nos Concitoyens d'agréer l'hommage de notre humble travail comme un témoignage d'amour pour notre chère ville natale.

Castres, le 1er juin 1865.

Augustin TAILHADES.

CONDITIONS DE LA SOUSCRIPTION.

L'ouvrage de Borel, en un seul volume in-8°, imprimé avec soin en caractères neufs, sera livré aux souscripteurs au prix de 5 fr., payable au moment de la livraison.

On souscrit, à Castres, au bureau de l'Aigle du Tarn, rue Sabbaterie, 7;
Et chez M. Montpellier, libraire, place Impériale.

A partir du jour où la liste sera close, l'ouvrage sera terminé dans quatre mois.

L'éditeur offrira en prime gratuite, à ses souscripteurs seulement, un ou plusieurs plans de Castres à différentes époques si, comme on a lieu de l'espérer, le nombre des souscriptions lui permet d'en faire les frais.

Castres. — Imprimerie de Veuve Grillon, rue Sabbaterie, 7.

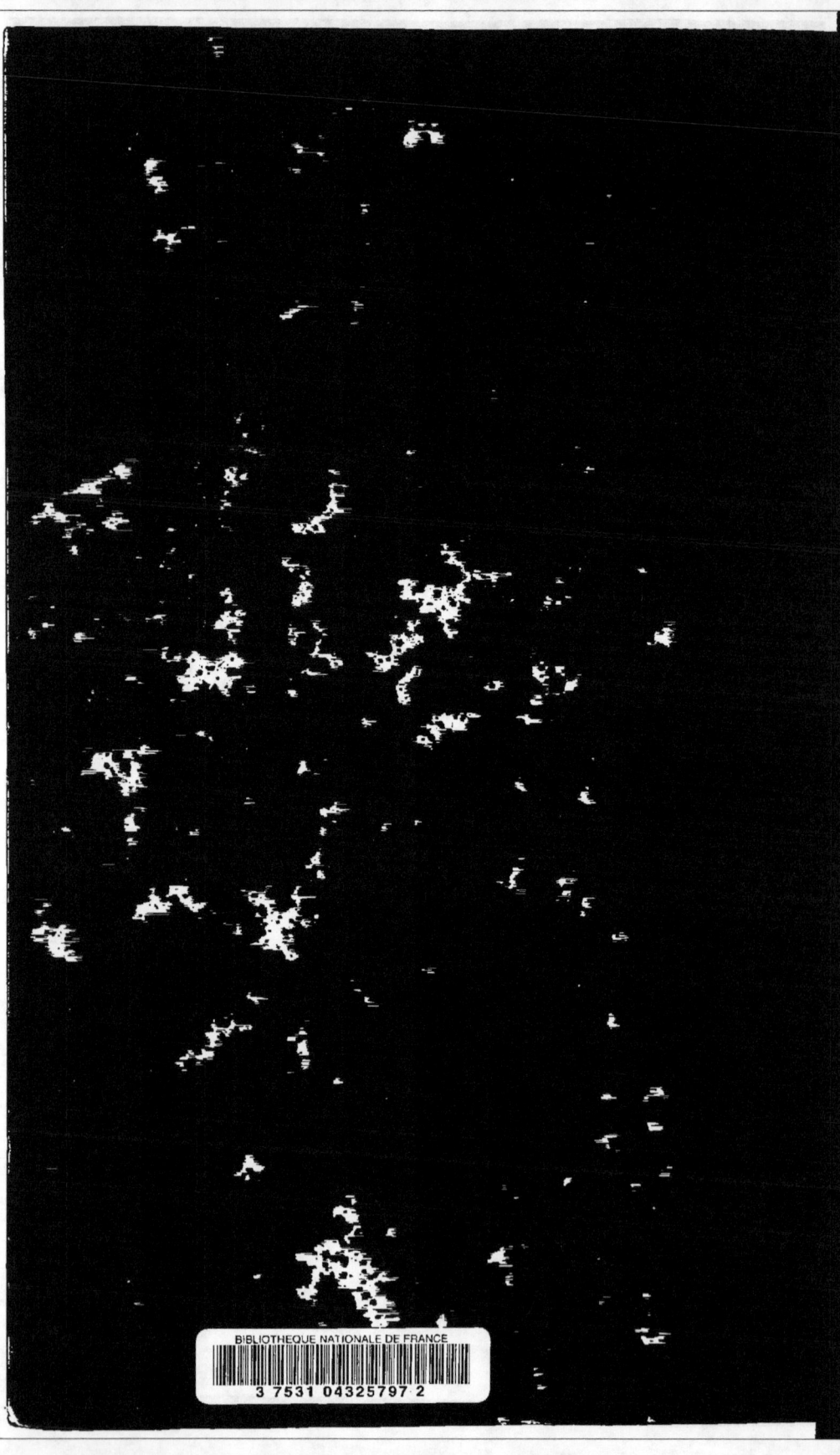

www.ingramcontent.com/pod-product-compliance
Lightning Source LLC
LaVergne TN
LVHW050559090426
835512LV00008B/1240